El arte en acción

El dibujo

Isabel Thomas

Heinemann Library
Chicago, Illinois

a division of Reed Elsevier Inc.
Chicago, Illinois

Customer Service 888-454-2279

Visit our website at www.heinemannlibrary.com

Printed and bound in China by South China Printing Company Limited
Translation into Spanish produced by DoubleO Publishing Services
Photo research by Mica Brancic

09 08 07 06
10 9 8 7 6 5 4 3 2 1

Library of Congress Cataloging-in-Publication Data
Thomas, Isabel, 1980- [Drawing. Spanish]
El dibujo / Isabel Thomas
p. cm. -- (El arte en acción)
Includes index.
ISBN 1-4034-7408-7 (hc - library binding) -- ISBN 1-4034-7414-1(pb)
1. Drawing--Technique--Juvenile literature. I. Title.
NC655.T42718 2005
741.2--dc22

2005026879

Acknowledgments
The author and publishers are grateful to the following for permission to reproduce copyright material: Corbis pp. **5**, **6**, **17**, **19**; Getty Images pp. **14** (Stone), **18** (Taxi); Harcourt Education pp. **4**, **7**, **8**, **9**, **10**, **11**, **12**, **13**, **15**, **16**, **20**, **21**, **22**, **23**, **24** (Tudor Photography)

Cover photograph of color pencils reproduced with permission of Getty (ThinkStock)

Every effort has been made to contact copyright holders of any material reproduced in this book. Any omissions will be rectified in subsequent printings if notice is given to the publisher.

Many thanks to the teachers, library media specialists, reading instructors, and educational consultants who have helped develop the Read and Learn/Lee y aprende brand.

Algunas de las palabras aparecen en negrita, **como éstas**.
Podrás encontrarlas en el glosario ilustrado en la página 23.

Contenido

¿Qué es el arte?

El arte es algo que haces cuando eres **creativo**.

A la gente le gusta ver arte.

A la persona que hace arte se le llama artista.

¡Tú también puedes ser un artista!

¿Qué tipos de arte puedo hacer?

Hay muchas formas de hacer arte.

Puedes pintar y dibujar con muchos colores.

Puedes hacer esculturas, imágenes y collages.

La escultura es otro tipo de arte.

¿Qué es el dibujo?

Un dibujo es una imagen de algo.

Los dibujos se hacen con líneas y formas.

Este dibujo tiene líneas rectas y líneas curvas.

¿Qué formas puedes ver?

¿Con qué puedo dibujar?

Puedes dibujar con todos estos **instrumentos.**

Los hay de muchos colores.

Los lápices y los marcadores hacen líneas delgadas.

Los creyones y las tizas hacen líneas gruesas.

¿Sobre qué puedo dibujar?

Puedes dibujar sobre papel.

Hay papel de diferentes colores y **texturas**.

También puedes dibujar sobre cartulina.

Intenta dibujar tarjetas de cumpleaños para tus amigos.

¿Qué puedo dibujar?

Puedes dibujar cualquier cosa que veas.

Dibuja un animal o a tu familia.

Puedes dibujar alrededor de una forma.

Intenta dibujar alrededor de tu mano.

¿Qué más puedo dibujar?

A veces dibujas cosas que **imaginas.**

¡Estos niños están dibujando monstruos divertidos!

Piensa en tu cuento favorito.

Intenta dibujar lo que estás pensando.

¿Qué me hace sentir el dibujo?

Dibujar es divertido.

Puede hacerte sentir feliz.

Cuando **muestras** tus dibujos,
te sientes orgulloso.

¡Vamos a dibujar!

¡Vamos a dibujar un **retrato**!

1. Mira a uno de tus amigos. Primero, dibuja la forma de su cabeza.

2. Ahora añade el pelo. ¿Es corto o largo? ¿Es liso o rizado?

3. Dibuja los ojos, la nariz y la boca. Fíjate con cuidado en qué formas tienen. Asegúrate de ponerlos en el sitio correcto.

4. Ahora intenta dibujar tu propia cara.

Prueba breve

Todos estos **instrumentos** se pueden usar para dibujar.

? ? ? ? ?

¿Te acuerdas de cómo se llaman?

Busca las respuestas en la página 24.

Glosario ilustrado

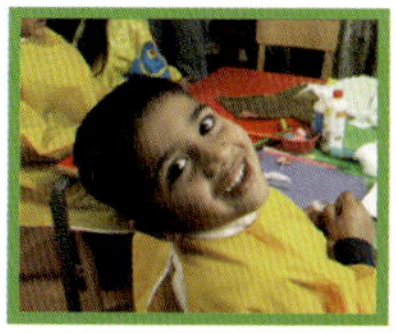

creativo, página 4
hacer algo usando tus propias ideas y cómo te sientes por dentro

mostrar, página 19
poner tu arte donde la gente pueda verlo

imaginar, página 16
inventar cosas en tu cabeza

retrato, página 20
un dibujo de alguien

textura, página 12
cómo se siente algo cuando lo tocas

instrumento, páginas 10, 22
algo que usas para colorear, como lápices de colores y creyones

Nota a padres y maestros

Leer para informarse es parte importante del desarrollo de la lectura en el niño. El aprendizaje comienza con una pregunta sobre algo. Ayuden a los niños a pensar que son investigadores y anímenlos a hacer preguntas sobre el mundo que los rodea. Cada capítulo en este libro comienza con una pregunta. Lean juntos la pregunta. Fíjense en las imágenes. Hablen sobre cuál piensan que puede ser la respuesta. Después lean el texto para averiguar si sus predicciones fueron correctas. Piensen en otras preguntas que podrían hacer sobre el tema y comenten dónde podrían buscar las respuestas. Ayuden a los niños a utilizar el glosario ilustrado y el índice para practicar un nuevo vocabulario y destrezas de investigación.

Índice

Respuestas a las preguntas de la página 22

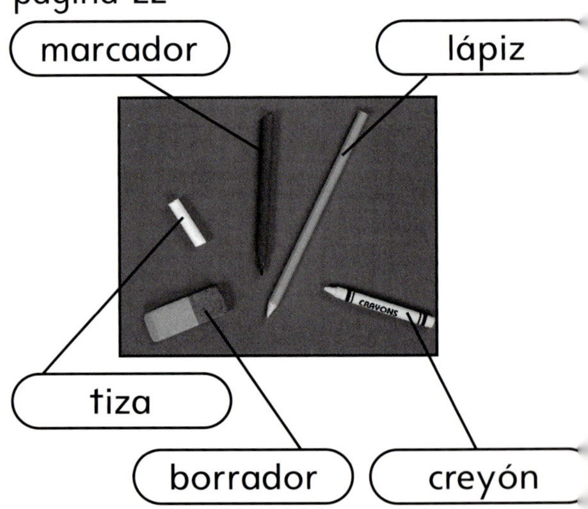